¡RESUELVE! MATEMÁTICAS EN EL ESPACIO

MATEMÁTICAS EN EL CINTURÓN DE ASTEROIDES

Mark A. Harasymiw
Traducido por Alberto Jiménez

Gareth Stevens
PUBLISHING

Please visit our website, www.garethstevens.com. For a free color catalog of all our high-quality books, call toll free 1-800-542-2595 or fax 1-877-542-2596.

Cataloging-in-Publication Data

Names: Harasymiw, Mark, author.
Title: Matemáticas en el cinturón de asteroides / Mark A. Harasymiw, translated by Alberto Jiménez.
Description: New York : Gareth Stevens Publishing, [2017] | Series: ¡Resuelve! Matemáticas en el espacio | Includes index.
Identifiers: ISBN 9781482452259 (pbk.) | ISBN 9781482452242 (library bound) | ISBN 9781482452228 (6 pack)
Subjects: LCSH: Asteroids–Juvenile literature. | Mathematics–Juvenile literature.
Classification: LCC QB377 .H37 2017 | DDC 523.44–dc23

First Edition

Published in 2017 by
Gareth Stevens Publishing
111 East 14th Street, Suite 349
New York, NY 10003

Designer: Laura Bowen
Editor: Therese Shea

Photo credits: Cover, p. 1 (asteroids) Denis_A/Shutterstock.com; cover, p. 1 (metal banner) Eky Studio/Shutterstock.com; cover, pp. 1–24 (striped banner) M. Stasy/Shutterstock.com; cover, pp. 1–24 (stars) angelinast/Shutterstock.com; cover, pp. 1–24 (math pattern) Marina Sun/Shutterstock.com; pp. 4–24 (text box) Paper Street Design/Shutterstock.com; p. 5 Claus Lunau/Science Photo Library/Getty Images; pp. 7, 9, 11 (Gaspra), 13 (inset), 15 (all), 17 (albedo chart), 17 (21 Lutetia), 19 (Mathilde), 19 (Juno), courtesy of NASA.com; p. 11 (Ceres) Ron Miller/Stocktrek Images/Getty Images; p. 13 (main) PhilipTerryGraham/Wikimedia Commons; p. 19 (Kleopatra) PedroPVZ/Wikimedia Commons; p. 21 (sky) Cropbot/Wikimedia Commons; p. 21 (meteorite) Meteorite Recon/Wikimedia Commons; p. 21 (trees) Universal Images Group/Getty Images.

Printed in the United States of America

CPSIA compliance information: Batch #CS16GS: For further information contact Gareth Stevens, New York, New York at 1-800-542-2595.

CONTENIDO

Las palabras del glosario se muestran en **negrita** la primera vez que aparecen en el texto.

MISIÓN AL CINTURÓN DE ASTEROIDES

Entre Marte y Júpiter hay un área llamada el cinturón de asteroides en la que abundan estos cuerpos celestes. Un asteroide es un objeto rocoso, más pequeño que un planeta, que orbita, o se desplaza alrededor del Sol. Puede ser diminuto, de solo unos pies de ancho, o muy grande ¡con una anchura de cientos de millas!

Hay muchos asteroides diferentes en el cinturón de asteroides. Los científicos han contado más de 670,000, pero ¡podría haber millones más todavía por descubrir! Sigue leyendo si quieres saber más acerca de este asombroso lugar.

Imagen del cinturón de asteroides que se encuentra entre Marte y Júpiter.

TU MISIÓN

Los científicos que estudian el espacio y los objetos que en él se encuentran utilizan las matemáticas. En este libro, tú eres un científico espacial. Llevarás a cabo **misiones** para descubrir más detalles del cinturón de asteroides utilizando tus conocimientos de matemáticas. Mira las respuestas que aparecen boca abajo para verificar tus cálculos. ¡Buena suerte!

NO LLEGAN A SER PLANETAS

Aunque algunos científicos llaman "planetas menores" a los objetos que constituyen el cinturón de asteroides, no se consideran planetas como la Tierra o Júpiter. Un planeta es un cuerpo **celeste** casi esférico, que no es una luna, que gira alrededor de una estrella y que tiene **gravedad** suficiente para apartar otros objetos de su trayecto orbital. El cinturón de asteroides está repleto de asteroides que comparten un mismo trayecto orbital.

TU MISIÓN

A finales del siglo XX se habían descubierto unos 108,000 asteroides en el cinturón de asteroides. Hoy sabemos de la existencia de unos 670,000. ¿Cuántos más asteroides se han descubierto en el cinturón desde finales del siglo XX?

670,000 – 108,000 = ?

¡Algunos asteroides cuentan con gravedad suficiente como para tener lunas propias! Este es el caso del asteroide Ida orbitado por una luna llamada Dactyl.

RESPUESTA: Desde finales del siglo XX se han descubierto 562,000 asteroides más.

TROZOS DE PLANETA

Los científicos creen que los planetas del **sistema solar** se formaron a consecuencia de la **colisión** de partículas de polvo y gas, que fueron adhiriéndose en el espacio. A lo largo de millones y millones de años se formaron cuerpos celestes cada vez mayores que terminaron por dar origen a los planetas y otros cuerpos celestes que hoy conocemos, incluyendo los asteroides. Se cree que la gravedad de Júpiter y del Sol atrajeron objetos hacia el cinturón de modo que éstos no pudieron unirse entre sí para formar planetas.

TU MISIÓN

La unidad astronómica (UA) es la distancia media de la Tierra al Sol, 93 millones de millas aproximadamente. El cinturón de asteroides está entre 2 y 4 UA del Sol. ¿Cuantos millones de millas son 2 UA? ¿Y 4 UA?

¿93 millones de millas + 93 millones de millas = ?

¿93 millones de millas + 93 millones de millas + 93 millones de millas + 93 millones de millas = ?

¡Los científicos opinan que las dos lunas de Marte, Fobos y Deimos, fueron asteroides antes!
Deimos
Fobos
RESPUESTA: Dos UA son 186 millones de millas (300 millones de km). Cuatro UA son 372 millones de millas (600 millones de km).

¿DE QUÉ TAMAÑO?

La mayoría de los asteroides no son muy grandes: en realidad, los científicos han calculado que si todos los asteroides conocidos se agruparan en un solo objeto esférico, su **diámetro** estaría en torno a 930 millas (1,500 km). El diámetro de nuestra Luna es de 2,160 millas (3,475 km), ¡bastante más del doble! Algunos asteroides son pequeños como un grano de arena; otros –Ceres, por ejemplo– son bastante grandes.

TU MISIÓN

Ceres, el mayor de los asteroides, mide unas 1,570 millas menos que el diámetro de la Luna, que puedes consultar en el texto arriba. ¿Cuantas millas tiene el diámetro de Ceres?

2,160 – 1,570 = ?

El nombre oficial de un asteroide consiste en un número y una palabra. La persona que descubre el asteroide elige la palabra. Este asteroide es oficialmente conocido como 951 Gaspra.

RESPUESTA: El diámetro de Ceres tiene unas 590 millas (950 km).

CERES: EL PRIMERO Y EL MAYOR

Ceres es tan grande que se considera un planeta enano, como Plutón. Sin embargo, ni Ceres ni Plutón tienen gravedad suficiente como para despejar su trayectoria orbital, por lo que no son realmente planetas. Ceres fue el primer objeto descubierto en el cinturón de asteroides. El **astrónomo** italiano Giuseppe Piazzi lo descubrió en 1801. Le puso Ceres en honor a la diosa romana de la agricultura y las cosechas.

TU MISIÓN

Ceres gira sobre sí mismo exactamente igual que la Tierra. El tiempo que tarda en realizar una órbita, una rotación completa sobre sí mismo, se llama día; un día en Ceres es unas 15 horas más corto que el de la Tierra. ¿Cuánto dura un día en Ceres?

24 – 15 = ?

Ceres, conocido oficialmente como 1 Ceres, muestra un cierto número de manchas brillantes en su superficie. Los científicos de la NASA (National Aeronautics and Space Administration) ¡creen que pudieran ser gigantescos **depósitos** de sal!

RESPUESTA: Un día en Ceres dura unas 9 horas.

VESTA: HACEDOR DE METEORITOS

El segundo objeto mayor del cinturón de asteroides se llama Vesta o 4 Vesta. ¡En algún momento del pasado, Vesta recibió el impacto de otro asteroide, que le arrancó el 1% de su **masa** y lo mandó al espacio! Los científicos opinan que aproximadamente el 5% de los **meteoritos** que se han encontrado en la Tierra fueron parte de Vesta.

TU MISIÓN

¡Vesta tiene una de las montañas más altas del sistema solar! El pico más elevado de la Tierra, el Everest, tiene una altura de 5 millas y media más o menos. La montaña de Vesta es 7 millas y media más alta. ¿Cuál es su altura aproximada?

5 1/2 + 7 1/2 = ?

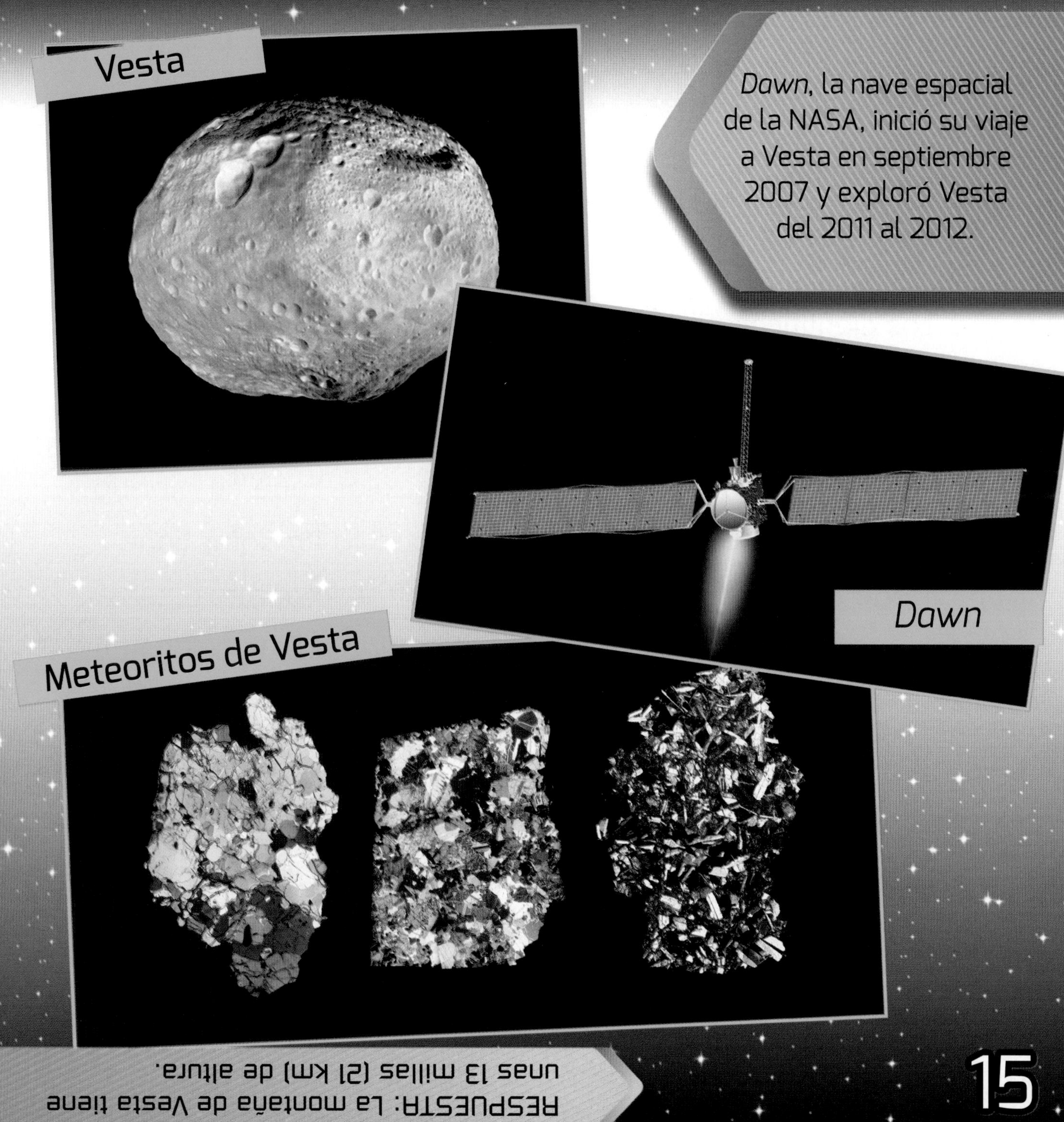

Dawn, la nave espacial de la NASA, inició su viaje a Vesta en septiembre 2007 y exploró Vesta del 2011 al 2012.

RESPUESTA: La montaña de Vesta tiene unas 13 millas (21 km) de altura.

TIPOS DE ASTEROIDES

Los científicos por lo general clasifican a los asteroides en tres grupos: el tipo C, el S y el M. Una característica de cada grupo es su albedo, que designa cuánta luz **refleja** su superficie. Un objeto blanco que refleje toda la luz solar tiene un albedo de 1.0. Un objeto negro que **absorba** toda la luz solar tiene un albedo de 0.0. Los asteroides de tipo C son oscuros, con un albedo de entre 0.03 y 0.09. Los asteroides de tipo S son más brillantes: su albedo va de 0.10 a 0.22. En los de tipo M su abedo es de 0.10 a 0.18.

TU MISIÓN

Observa el gráfico circular: según él, ¿qué tipo de asteroide es el más común? ¿Hay más asteroides de tipo S o de tipo M?

LOS TIPOS ASTEROIDES

albedo alto

albedo bajo

El asteroide 21 Lutetia fue visitado por la nave espacial de la NASA *Rosetta* en julio de 2010. Es un asteroide de tipo C.

21 Lutetia

tipo M

otros

tipo S

tipo C

RESPUESTA: El tipo de asteroides más común es el C; por otra parte, hay más asteroides de tipo S que de tipo M.

¿DE QUÉ ESTÁN HECHOS?

Como los asteroides no han recibido visitas de naves espaciales, los científicos solo pueden adivinar de qué están hechos. Creen que la mayoría de los asteroides de tipo C se componen de arcilla y roca **silicatada**. La mayor parte de los asteroides de tipo S se componen de rocas silicatadas y una mezcla de níquel y hierro. Los de tipo M son metálicos, de níquel y hierro. Sin embargo, los científicos a veces descubren asteroides que no encajan en ninguno de estos grupos.

TU MISIÓN

Los asteroides Ceres, Lutetia, Siwa, y Mathilde son todos de tipo C. Juno e Ida, de tipo S. ¿Que fracción de estos seis asteroides son de tipo S?

$$\frac{\text{Tipo S}}{\text{Tipo C + Tipo S}} = \frac{?}{?}$$

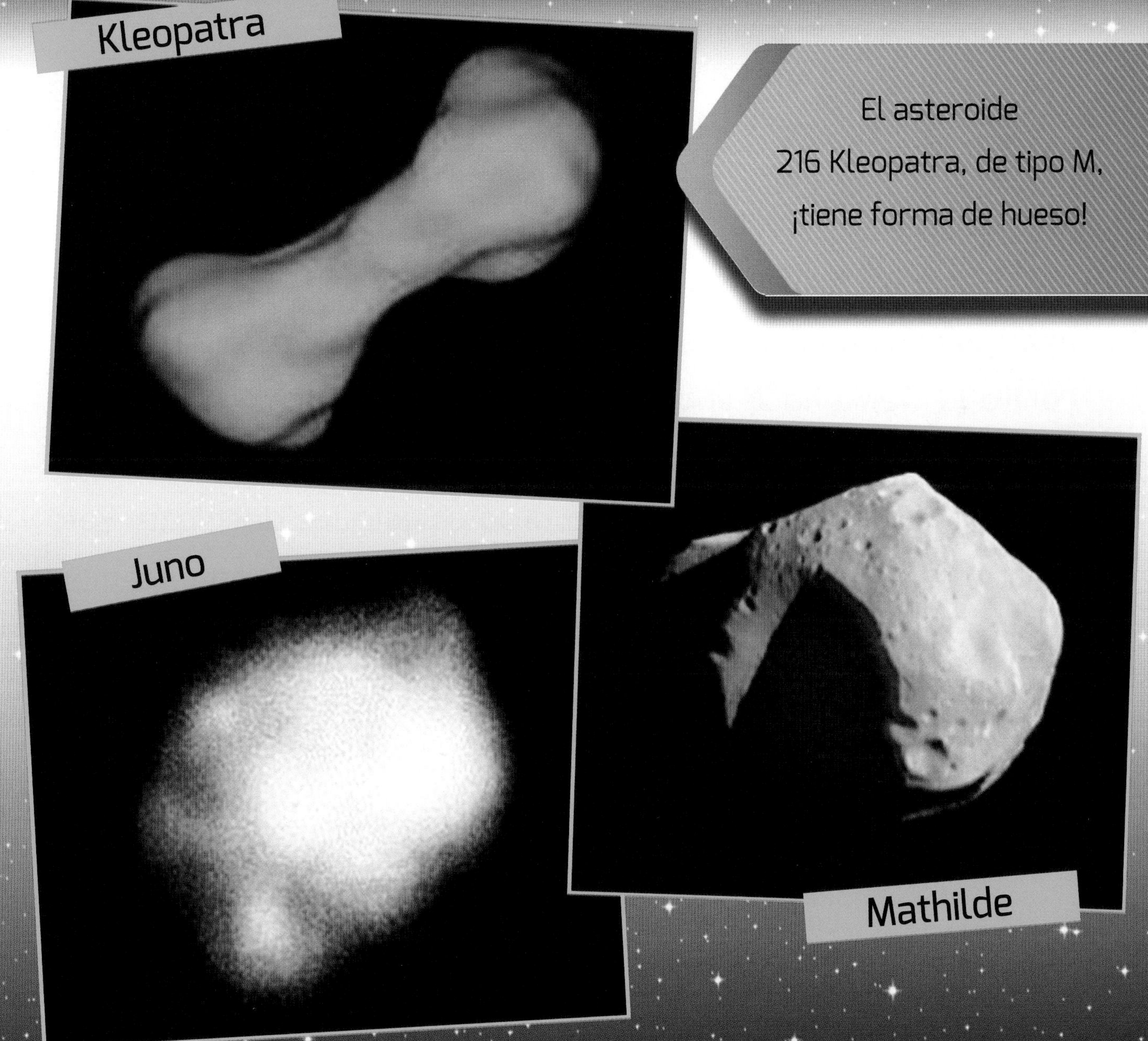

El asteroide 216 Kleopatra, de tipo M, ¡tiene forma de hueso!

RESPUESTA: 2/6, o 1/3 de estos asteroides son de tipo S.

¿SON UN PELIGRO PARA LA TIERRA?

Muchos científicos opinan que los dinosaurios se **extinguieron** a consecuencia del impacto de un asteroide contra la Tierra hace unos 65 millones de años. Los asteroides son atraídos o rechazados por el cinturón cuando la gravedad de Júpiter, Marte o algún otro cuerpo celeste los desplaza. Pero no hay que preocuparse: ¡los científicos vigilan permanentemente los asteroides, dentro y fuera del cinturón!

TU MISIÓN

En 2002, un asteroide pasó entre la Tierra y la Luna. La Luna está a una distancia media de 240,000 millas de la Tierra; el asteroide se encontraba unas 165,000 millas más próximo. ¿Cuánto se acercó este asteroide a la Tierra?

240,000 – 165,000 = ?

Se cree que un asteroide de unos 120 pies (37 m) de anchura se estrelló contra Siberia, Rusia, en 1908. ¡La colisión aplanó estos árboles!

RESPUESTA: El asteroide se acercó a 75,000 millas (120,700 km) de la Tierra.

GLOSARIO

absorber: incorporar.

astrónomo: persona que estudia las estrellas, los planetas y otros cuerpos celestes.

celeste: del espacio o relativo a él.

colisión: chocar con gran fuerza.

depósito: mineral del suelo cuya cantidad aumenta con el transcurso del tiempo.

diámetro: distancia de un lado de un objeto esférico a otro pasando por el centro.

extinto, extinguido: muerto, desaparecido.

gravedad: fuerza que atrae objetos hacia el centro de un cuerpo celeste.

masa: cantidad de materia de un objeto.

meteorito: roca espacial que alcanza la superficie terrestre.

misión: tarea o trabajo que un equipo debe realizar.

reflejar: devolver la luz.

silicato: que contiene el elemento silicio.

sistema solar: el Sol y todos los cuerpos celestes que giran alrededor de él, incluyendo los planetas y sus lunas.

PARA MÁS INFORMACIÓN

Libros

Dillard, Mark. *Journey Through the Asteroid Belt.* New York, NY: PowerKids Press, 2015.

Owen, Ruth. *Asteroids and the Asteroid Belt.* New York, NY: Windmill Books, 2013.

Rooney, Anne. *A Math Journey Through Space.* New York, NY: Crabtree Publishing, 2015.

Sitios de Internet

Asteroids
solarsystem.nasa.gov/planets/asteroids
Con sus ilustraciones, fotografías y textos podrás aprender más sobre los asteroides.

Dawn: First to Explore a Dwarf Planet
solarsystem.nasa.gov/missions/dawn
Visita este sitio si quieres ampliar tus conocimientos sobre la misión *Dawn.*

Nota del editor a los educadores y padres: nuestro personal especializado ha revisado cuidadosamente estos sitios web para asegurarse de que son apropiados para los estudiantes. Muchos sitios web cambian con frecuencia, por lo que no podemos garantizar que posteriores contenidos que se suban a esas páginas cumplan con nuestros estándares de calidad y valor educativo. Tengan presente que se debe supervisar cuidadosamente a los estudiantes siempre que tengan acceso al Internet.

ÍNDICE